स्टेशनरी व्यवसाय में अपने पैर जमाएँ
व उसे आसमान की बुलंदियों तक ले जाएँ

रीबिल्ड

7 कदमः
एक कामयाब स्टेशनरी
व्यवसाय की मजबूत
नींव के लिए!

स्टेशनरी व्यवसाय में अपने पैर जमाएँ
व उसे आसमान की बुलंदियों तक ले जाएँ

रीबिल्ड

7 कदमः
एक कामयाब स्टेशनरी
व्यवसाय की मजबूत
नींव के लिए!

अरुण अरोरा

Worldwide Published by
Pendown Press

PENDOWN PRESS

An ISO 9001 & ISO 14001 Certified Co.,
Regd. Office: 2525/193, 1st Floor, Onkar Nagar-A,
Tri Nagar, Delhi-110035
Ph.: 09350849407, 09312235086
E-mail: info@pendownpress.com
Branch Office: 1A/2A, 20, Hari Sadan, Ansari Road,
Daryaganj, New Delhi-110002
Ph.: 011-45794768
Website: PendownPress.com

First Edition: 2022
Price: ₹499/-
ISBN: 978-93-5554-379-0

Layout and Cover Designed by Pendown Graphics Team
Printed and Bound in India by Thomson Press India Ltd.

विषय-सूची

लेखकीय

नमस्ते मित्रो!

मैं भारत की अग्रणी फाइल निर्माण कंपनी World One का प्रबंध निदेशक एवं सीईओ अरुण अरोड़ा हूँ। मैं बेहतरीन उत्पाद देने के लिए प्रतिबद्ध हूं और इस पुस्तक के द्वारा मैं अपने अनुभवों से प्राप्त सारी जानकारी आपके साथ शेयर करना चाहता हूँ, ताकि भारत के स्टेशनरी के सभी खुदरा विक्रेताओं को लाभ मिल सके।

मैं स्टेशनरी उद्योग के साथ मेरी यात्रा तीन दशक पहले शुरू हुई थी। अपनी शिक्षा पूरी करने के बाद, मैं दिल्ली के चावड़ी बाजार में, जो स्टेशनरी का मुख्य बाजार है, अपने मौसा जी के व्यवसाय में शामिल हो गया। मैं स्टेशनरी से सम्बंधित इतनी सारी किस्मों को देखकर रोमांचित था। मुझे कहीं न कहीं, इस उद्योग में कुछ नया करने और अपने विशिष्ट उत्पादों द्वारा एक अलग तरह की पहचान बनाने की संभावना दिखी। यह एक ऐसा विलक्षण पल था जिसे मैं भुला नहीं सकता। दिल की अतल गहराई से मुझे पता था कि मैं यही करना चाहता हूं। आज मैं अपने जीवन की हर सांस के साथ स्टेशनरी को ही जीता हूँ। मेरे रोम रोम में इस क्षेत्र में कुछ नया करने की धुन सवार है।

मैं सौभाग्यशाली हूँ कि मुझे दुनिया भर में कई बड़े खुदरा विक्रेताओं और स्टेशनरी निर्माताओं के साथ काम करने का मौका मिला जिस्में दुनिया के सबसे बड़े खुदरा विक्रेता 'वॉलमार्ट' भी शामिल हूं। मैंने इनसे काफी कुछ सीखा। सं 2013 में इन्होने हमें 'ऑफिस सप्लाई' की श्रेणी में 'बेस्ट पार्टनर अवार्ड' से भी सम्मानित किया।

इस उद्योग में काम करते हुए मैंने देखा है कि अधिकांश भारतीय स्टेशनर्स पारंपरिक तरीके से व्यवसाय प्रारम्भ करते हैं। उनके पास दृष्टि और इसमें शामिल प्रक्रियाओं के बारे में ज्यादा स्पष्टता और दूरदर्शिता नहीं होती है। यह तब तक तो ठीक है जब आप अपना काम शुरु कर रहे हैं, पर जैसे-जैसे समय गुजरता है तो बढ़ते व्यवसाय में इससे जुड़ी समस्याएं भी बढ़ जाती हैं। मैंने अनुभव किया कि कुछ सामान्य समस्याएं हैं जिनका सामना रिटेलर स्टेशनरी व्यवसायी को करना पड़ता है। इनमें से कुछ नीचे दिए गए हैं।

समस्याएं:-

1. स्टेशनर्स को बड़ी संख्या में प्रॉडक्ट संभालने पड़ते हैं। कहीं न कहीं 10,000 -15,000 विभिन्न प्रोडक्ट्स तक, क्योंकि इस उद्योग के उत्पादों के ढेरों विकल्प हैं।

2. कुल मिलाकर, स्टेशनर (एकला चलो रे) one man Army होते हैं, जो व्यवसाय के लगभग हर कार्य (खरीद/बिक्री/संचालन) को स्वयं संभालते हैं और तनावग्रस्त हो जाते हैं। सबसे बड़ी बात यह कि कई मामलों में अगली पीढ़ी अपने व्यवसाय में शामिल नहीं होना चाहती।

3. सही जनशक्ति को प्रशिक्षित करना एक सतत चुनौती भरी प्रक्रिया है।

4. विभिन्न उत्पादों की बड़ी संख्या के कारण उत्पादों को प्रदर्शित करने के लिए हमेशा जगह की कमी होती है।

5. ढेरों सामग्री की सूची अक्सर रिकॉर्ड के साथ मेल नहीं खाती।

6. इन्वेंट्री/बिक्री अनुपात बहुत अधिक है जिसके परिणामस्वरूप बहुत स्टॉक भी रखना पड़ता है और इसके लिए अधिक पूंजी की आवश्यकता होती है।

7. अत्यधिक प्रतिस्पर्धा के कारण लाभ का गुणांक आमतौर पर नीचे ही रहता है।

यदि आप एक स्टेशनर हैं और उपरोक्त समस्याओं में से किसी एक का भी सामना कर रहे हैं, तो यह Instabook आपके लिए ही है।

अब आप सोच रहे होंगे कि मैं इस विषय पर अपनी निपुणता और वर्षों के कठिन परिश्रम से प्राप्त अपनी विशेषज्ञता को आपके साथ मुफ्त में शेयर क्यों कर रहा हूँ?

तो इसका उत्तर इस प्रकार है...

पहला कारण यह है कि मुझे स्टेशनरी के व्यापार से प्यार है। मेरा दिल दुखता है जब मैं स्टेशनरी के व्यवसाय से जुड़े व्यापारियों को अपने व्यवसाय के प्रबंधन के लिए संघर्ष करते देखता हूँ। उनके ज्ञान की कमी मुझे अखरती है।

दूसरा कारण है कि समय और भौगोलिक दूरियों के कारण मैं आप सबसे व्यक्तिगत रूप से मिलकर, अपनी समझ और ज्ञान, जो मैंने वर्षों की मेहनत से प्राप्त किया है, को साझा नहीं कर सकता। यह पुस्तक खुदरा स्टेशनरी शॉप के मालिकों और स्टार्टअप्स के लिए मेरा एक छोटा सा उपहार है।

मुझे आशा है कि ये सात अध्याय आपके लिए अमूल्य साबित होंगे। आपको सफलता से जोड़ेंगे और इस क्षेत्र की अंदरूनी जानकारी प्राप्त करने में उपयोगी सिद्ध होंगे।

आपका भरोसेमंद फाइल फोल्डर निर्माता और एक स्टेशनरी रिटेल विशेषज्ञ।

आपका अभिन्न मित्र

–अरुण अरोड़ा

अध्याय 1

अपने संस्थान को एक ब्रांड के रूप में देखें।

"A brand is a voice and a product is souvenir."

– Lisa Gansky

चाहे आपने अपना कारोबार खुद शुरू किया है या अपने पिता/दादा की विरासत में शामिल होकर व्यवसाय को आगे बढ़ाने में सहयोग कर रहे हैं, जो भी हो, आप अपनी दुकान/संस्थान से बहुत प्यार करते हैं। दिन रात अपने व्यवसाय को और ऊँचे स्तर तक ले जाने के बारे में सोच रहे हैं। आपकी इसी दुकान ने आपको एक पहचान दी है तथा आपको तथा आपकी टीम को आजीविका दी है।

क्या आप जानते है कि आपकी दुकान का नाम इतना शक्तिशाली है कि वह आपके ग्राहकों के दिल और दिमाग पर छपा पड़ा है। आपके ग्राहक आपकी दुकान को स्टेशनरी खरीदने के लिए एक विश्वसनीय, सुविधाजनक और मनपसंद जगह के रूप में देखते हैं जहां उनकी स्टेशनरी की हर जरूरत पूरी होती है।

वे आपके दुकान को एक प्रसिद्ध स्टेशनरी की दुकान के रूप में देखते हैं और चर्चा करते हैं। यह सही समय है कि जब आप भी अपनी दुकान को एक ब्रांड के रूप मैं देखें और उसे अपने एरिया की एक प्रसिद्ध स्टेशनरी की दुकान के रूप में विकसित करें।

आइए फ्रेंड्स! ऊँची गुणवत्ता से पायी गई ब्रांड पोजीशन से मिलने वाले लाभों को कुछ उदाहरणों के माध्यम से समझते हैं।

1992 में 'क्रॉसवर्ड' नामक एक प्रसिद्ध पुस्तक की दुकान शुरू हुई। उस समय की स्थिति यह थी कि पुस्तकें आमतौर पर असंगठित खुदरा किताबों की दुकान के माध्यम से ग्राहकों को बेची जाती थी और ग्राहक को दुकान तक पहुंचने के बाद भी खरीदने के लिए लंबा इंतजार करना पड़ता था।

उस समय 'क्रॉसवर्ड' ने अपनी दुकान को इस तरह से डिज़ाइन किया कि ग्राहक खरीदारी को एन्जाय कर सके। पुस्तक लेने के लिए आने पर ग्राहक को बेहतर अनुभव मिले।

जब लोग 'क्रॉसवर्ड' से पुस्तक खरीदने आते तो उन्हें आनंद का अनुभव होता। वे सौदेबाजी नहीं करते, सिर्फ किताब का चयन करते और उसका बिल बनवाते। इससे ग्राहक और दुकानदार दोनों संतुष्ट होते।

ऐसा ही कुछ आपने भी अनुभव किया होगा जब आप किसी किराना शाप पर गए होंगे। दुकान बनाम कुछ ब्रांडेड स्टोर, जैसे 'रिलायंस फ्रेश' या 'स्पेंसर' पर आप मोल भाव या सौदेबाजी नहीं करते। वहीं अपनी स्थानीय किराना दुकान या सब्जी वाले से सौदेबाजी करते हैं।

यदि आप अपनी दुकान को ब्रांड नहीं बनाते हैं, तो आपको किसी भी उत्पाद की तरह एक वस्तु (कमोडिटी) के रूप में देखा जाएगा। विश्वास मानिये, तब आपके सामने खुद को एक वस्तु के रूप में पहचाने जाने की चुनौती पैदा होती रहेगी। ब्रांड बनने से आपका मूल्यांकन तो बढ़ता ही है, ग्राहकों का भरोसा भी आप पर बढ़ता है।

अपनी दुकान की एक ब्रांड के रूप में कल्पना करें और उसे विकसित करें।

अध्याय 2

आपकी खासियत (यूनिक सेलिंग पॉइंट) क्या है?

"If you don't distinguish yourself from the crowd, you'll just be the crowd."

– Rebecca Mark

आपके ग्राहक आपको किस रूप में पहचानते हैं?

क्या आपने कभी इसके बारे में सोचा?

हर प्रतिष्ठान/ब्रांड की अपनी ताकत/खासियत होती है। हरेक को ये प्रश्न स्वयं से करना चाहिए।

आपको अपनी खासियत ढूंढनी और विकसित करनी चाहिए। यह अपनी विशेषता को खोजने और अपने ग्राहकों को अपनी विशेषज्ञता (Specialization) को बताने जैसा है। ग्राहक सदैव विशेषज्ञों से सामान खरीदना पसंद करते हैं।

उदाहरण के लिए यदि आपकी आँखों में दर्द है, तो आप क्या पसंद करेंगे? एक नेत्र रोग विशेषज्ञ के पास जाना या एक सामान्य चिकित्सक से परामर्श करना? बेशक, एक नेत्र रोग विशेषज्ञ के पास जाना! इसी प्रकार आपके ग्राहक को भी आपकी विशेषज्ञता की जानकारी होनी चाहिए।

इस संबंध में ये सवाल आप खुद से पूँछ सकते हैं:-

- क्या आपकी एक प्रसिद्ध पुस्तक दुकान हैं?
- क्या आप एक कला सामग्री विशेषज्ञ के रूप में प्रसिद्ध हैं?
- क्या आपका स्टोर अद्भुत एवं संतोषजनक खरीदारी के अनुभव के लिए प्रसिद्ध है?
- क्या बहुत सारे नवीन स्टेशनरी उत्पाद आपके पास उपलब्ध है?
- क्या आप शहर में सबसे कम कीमत के लिए प्रसिद्ध हैं?
- क्या आप स्कूल की किताबों और स्टेशनरी विशेषज्ञ के रूप में प्रसिद्ध हैं?
- क्या आप एक प्रोफेशनल आफिस स्टेशनरी के आपूर्तिकर्ता हैं?

अपनी ताकत को खोजें, उससे बढ़ाएं और उसका अपने ग्राहकों के समक्ष प्रचार करें।

आश्चर्य है कि 'छोले भटूरे' (पंजाब का प्रसिद्ध क्षेत्रिय भोजन) की छोटी सी दुकान भी शहर में इतनी प्रसिद्ध हो जाती है कि मीडिया में छा जाती है। गौर करें कि आप अपने कस्टमर्स या ग्राहक के समक्ष अपनी विशेषज्ञता (USP) को अच्छी तरह से बताएं और किसी होड़ (Competition) से हटके अपनी एक अलग पहचान बनाएं।

अपनी खासियत क्या है?

आप किस कैटैगरी में नंबर वन है?

आज Brand World One में हमारे बहुत से उत्पाद हैं, लेकिन हम मुख्य रूप से फाइलों और फोल्डरों के विशेषज्ञ के रूप में जाने जाते हैं।

इसलिए जब मैं आपसे आपके ब्रांड की खासियत विकसित करने के लिए कहूं तो आप USP को लेकर भ्रमित न हों।

What are known for?

In which Category can you be The number One?

आप जितने भी उत्पादों को संभाल सकते हैं उतने ही उत्पाद बेच भी सकते हैं। पर किसी एक चीज में विशेषज्ञता हासिल करें और उसके लिए मशहूर हो जाएं।

सोचिए, आप किस कैटेगरी में नंबर वन हो सकते हैं?

औरों से अलग हटकर दिखें! अपनी खुद की खासियत बनाएं।

अध्याय 3

मार्केटिंग—आपके व्यवसाय का गेम चेंजर (एक बड़ा बदलाव)

"Marketing done right eliminates or reduces the need of sales."

– Peter Drucker

में जानता हूँ कि आप अपनी दुकान के ब्रांड को प्रसिद्ध करने और उसकी USP (खासियत) बनाने के लिए कड़ी मेहनत कर रहे हैं। सुबह से शाम तक आप संचालन में व्यस्त रहकर और अपने उत्पादों की श्रेष्ठता से अपनी खासियत को बनाने में लगे हैं। पर आप अपनी दुकान पर रोमांचक उत्पाद लाने और उसके संचालन में इतने व्यस्त हो जाते हैं कि अपने ग्राहकों को अपनी दूकान पर आमंत्रित करके उन्हें अपने उत्पादों के द्वारा प्रसन्न करना ही भूल जातें है।

यह ऐसा ही है जैसे आप अपने बच्चे की शादी के आयोजन के लिए अपनी पूरी व्यवस्था करें, सब सजावट हो जाए, बढ़िया से बढ़िया खाना तैयार हो जाए, लेकिन आप मेहमानों को आमंत्रित करना ही भूल जाएँ।

व्यवसाय में मार्केटिंग अधिक से अधिक ग्राहकों को अपनी दुकान पर आमंत्रित करने जैसा होता है, जितना आप संभाल पाएं, उससे भी कहीं अधिक ज्यादा।

एक अध्ययन से पता चलता है कि एक औसत व्यवसायी अपने समय का 65% अपने व्यवसाय के संचालन में, 25% उत्पादों में और केवल 10% मार्केटिंग में खर्च करता है।

यद्यपि समुचित वृद्धि के लिए अनुशंसा यह की जाती है कि आप मार्केटिंग पर 65%, 25% उत्पादों में और केवल 10% ही व्यवसाय के संचालन में खर्च करें।

अब आप देखिए कि आप अपनी ऊर्जा कहाँ लगा रहे हैं?

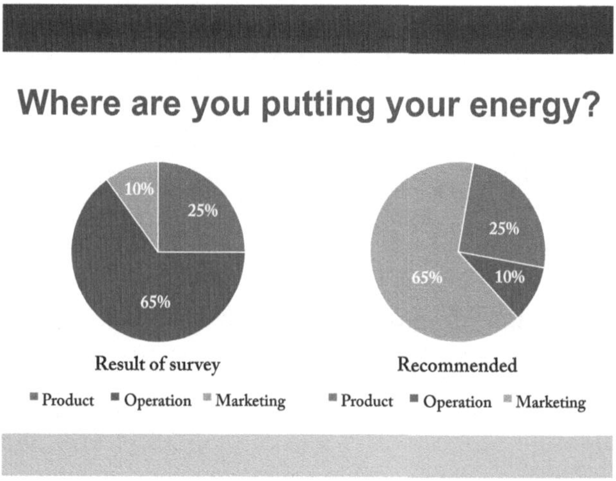

अधिकांश छोटे व्यापारी व्यवसाय के इस प्रमुख पहलू की उपेक्षा करते हैं।

यह ऐसा है जैसे कि एक मर्सिडीज़ कार, जिसमें बहुत सारे सहायक सामान तो लगे हैं लेकिन इंजन नहीं है और आप इसे चलाने

के लिये धक्का देते हुए बहुत पसीना बहा रहे हैं। क्या इससे आपको यह आभास नहीं होता है कि आप अपने व्यवसाय में कुछ इसी तरह से ही कर रहे हैं- पूरी जिन्दगी व्यापार को धक्का लगाते हुए।

हर व्यापार में मार्केटिंग एक गाड़ी के इंजन की तरह ही होता है उसमें सफलता के शिखर पर पहुंचने के लिए ओर ग्राहकों का रुझान पैदा करने के लिए अपनी दुकान की मार्केटिंग करनी ही होगी ताकि आप अपने व्यवसाय में अधिक से अधिक ग्राहकों को ला सकें।

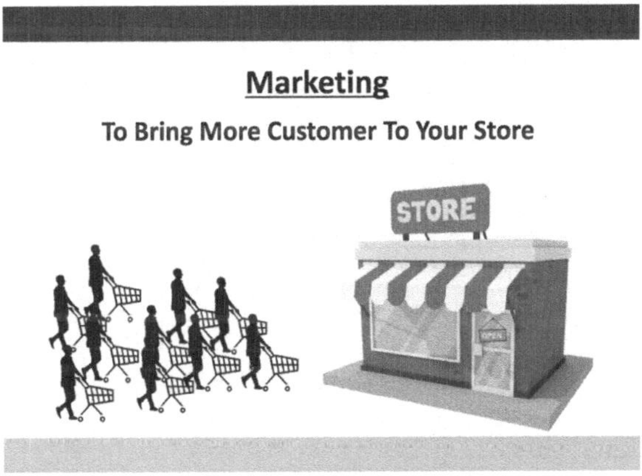

मार्केटिंग-'आपके बिज़नेस का' गेम चेंजर है, यह सदैव याद रखें।

महत्वपूर्णः-मार्केटिंग और बिक्री (Sales) को लेकर आपस मैं भ्रमित न हों, ये दोनों अलग चीजें हैं।

अपना उत्पाद बेचना शादी पर आए मेहमान की मेज़बानी करने के समान है और मार्केटिंग करना उन्हें समारोह का आमंत्रण देकर समारोह में निमंत्रित करने जैसा है।

अध्याय 4

पैसा सूची में है।

मार्केटिंग के महत्व को समझने के बाद आप सोच रहे होंगे कि छोटे व्यवसाय के लिए यह कैसे संभव है?

मार्केटिंग केवल बड़े व्यवसाय ही कर सकते हैं क्योंकि उनके पास टीवी, रेडियो, समाचार पत्र, पत्रिकाओं में विज्ञापन देने के लिए, खर्च करने के लिए बहुत पैसा होता है।

मित्रो, आज मैं आपको बताऊंगा कि आप अपनी दुकान की मार्केटिंग किस प्रकार करें कि एक भी पैसा खर्च न हो। और आप बिना पैसा खर्च किए ही अपनी दुकान पर ग्राहकों की लाइन लगवा कर अपनी आय को 100% से अधिक बढ़ा सकें।

क्या आप इस रहस्य को जानने में रुचि रखते हैं?

हममें से कई लोगों की दुकानें पिछले 5-10 वर्षों से चल रही है, और आप में से कुछ लोग अपनी पुश्तैनी दुकानें चला रहे होंगे, जो 25-100 साल पुरानी हो सकती हैं। मेरा सवाल यह है कि क्या आपने कभी उन लोगों की एक सूची (संपर्क विवरण) बनाई है जो आपकी दुकान पर आ रहे हैं?

जब मैं यह सवाल पूछता हूँ तो अधिकांश स्टेशनर ना में ही उत्तर देते है। ऐसा इसीलिए होता है क्योंकि अधिकतम दुकानें व दुकानदार ग्राहकों के साथ सिर्फ लेन-देन तक का व्यवसाय ही करते

है और अपने ग्राहकों से जुड़ें रहने के लिए उनके संपर्क विवरण रिकॉर्ड में रखने की जहमत नहीं करते है। क्या आप इस बात से सहमत नहीं हैं कि यदि आप अपने पुराने ग्राहकों को अपनी दूकान पर पुनः आमंत्रित करेंगे तो वह खुद को बेहद खुश और विशिष्ट महसूस करेंगे? और वह आपकी दूकान से और खरीददारी करना चाहेंगे?

इस लिस्ट की ताकत दिखाने के लिए मैं आपको एक उदाहरण देता हूं।

एक कस्बे में पिज्जा की एक छोटी सी दुकान थी जो बहुत अच्छे पिज्जा बनाती थी। एक दिन एक व्यक्ति ने उस दुकान से पिज्जा खाकर मालिक से पूछा कि वह ग्राहकों को अपनी दुकान पर कैसे ला रहा है? भोजनालय के मालिक ने कहा कि फेसबुक, रेडियो, पोस्टर, होर्डिंग और समाचार पत्र आदि के द्वारा वह मार्केटिंग पर बहुत खर्च करता है।

उस व्यक्ति ने कहा, 'भाई, यदि मैं आपको एक ऐसा तरीका बताऊं, जिसकी कीमत ना के बराबर हो लेकिन आपको अन्य सभी माध्यम के विज्ञापनों की तुलना में अधिक व्यवसाय मिलता रहे, तो

क्या आप इसके बारें में जानना चाहोगे? दुकान के मालिक ने कहा, 'हाँ बिल्कुल, कृपया जरूर बताओ।'

'आज से पिज्जा खाने वाले या ऑर्डर करने वाले ग्राहकों की सूची बनाएं और उनके संपर्क विवरण की जानकारी अपने सिस्टम में दर्ज करना शुरू कर दीजिये।' फिर एक महीने के बाद सूची में लिखे गए व्यक्तियों को नए पिज्ज़ा व डिशेस व ऑफर्स की जानकारी भेजना शुरू कर दिजिए। अलग से एक फोन रखिएगा जिससे अन्य मार्केटिंग चैनल्स व लिस्ट से आए ऑर्डर्स को रिकॉर्ड किआ जा सके। यह कहकर वह व्यक्ति सलाह देकर वहां से चला गया।

कुछ महीनों के बाद वह व्यक्ति फिर से उस पिज्जा की दुकान का दौरा करने आया और उसने मालिक से पूछा कि उसका कारोबार कैसा चल रहा है? मालिक परिणामों से चकित और खुश था। उसने बताया कि उसे दोगुना लाभ मिल रहा है। किसी भी अन्य तरह के विज्ञापन की तुलना में उसे लिस्ट के ग्राहक से अधिक आर्डर मिल रहे हैं। उसने यह भी बताया कि उसने विज्ञापनों पर मोटी रकम खर्च करना बंद कर दिया है। इससे उसके व्यवसाय के लाभांश में 4 गुना की वृद्धि भी हुई है।

में आपसे पूछना चाहता हूँ कि आप एक गिलास पानी प्राप्त करने के लिए हर रोज कुआँ क्यों खोद रहे हैं जबकि आपने खुद एक कुआं खोदा हुआ है जो आपको आजीवन पानी प्रदान कर सकता है?

सरल गणित

मानकर चलते हैं कि एक स्टेशनरी उपभोक्ता का स्टेशनरी का औसत आजीवन खर्च लगभग ₹3,00,000 (3 लाख) है।

सूची में एक नाम का मूल्य ₹3,00,000 (3 लाख) है।

सूची में 100 नामों का मूल्य है ₹3,00,000x100 = ₹3,00,00000 (₹3 करोड़)

सूची में 1000 नामों का मूल्य लगभग ₹300000x1000= 30,00,00,000 (₹30 करोड़)

एक सूची में 10000 नामों का मूल्य ₹300000x10000=है

₹300,00,00,000 (₹300 करोड़)

और इसी तरह...

सालों तक दुकान चलाने के बाद कितने लोग आपकी सूची में है? आपकी सूची में ग्राहकों की संख्या ही आपके व्यवसाय का असली मूल्य निर्धारित करती है।आज की तारीख में कंपनियों को उनकी सक्रिय ग्राहक संख्या के आधार पर महत्व दिया जाता है। एक सूची बनाना शुरू करें और अपने ग्राहकों को आपकी दुकान पर आने के लिये फिर से आमंत्रित करें।

पैसा सूची में है! बस इसे सक्रिय करें।

अध्याय 5

प्रिय मित्र! जो दिखता है वो बिकता है।

प्रिय मित्रो! आप निश्चित रूप से इस पुरानी कहावत से सहमत होंगे कि 'जो दिखता है वो बिकता है' और इस तथ्य से भी यही अनुभव किया जा सकता है कि जहाँ स्टोर के उत्पादों को दर्शनीय तरीके से प्रदर्शित किया जाता है, वहां से हम आवश्यकता से अधिक खरीदारी कर लेते है।

वस्तुओ को सही तरीके से दर्शाकर उनकी दृश्यता बढ़ती है और इससे आपके ग्राहकों का 'टिकट साइज़' भी बढ़ता है। यह ग्राहकों के लिए भी बार-बार आपकी दुकान पर आने का एक अच्छा कारण है ताकि वे बार बार आपकी दूकान पर आएँ और सभी प्रोडक्ट्स की छानबीन करें जिससे उनकी जरुरत व इच्छाएं पूरी हो सकें।

मैं ग्राहकों से यह सुनकर बड़ा निराश होता हूँ कि वह जब भारत में स्टेशनरी खरीदते हैं तो उसमें उन्हें किसी भी तरह की नवीनता या उत्साह नहीं दिखता। जबकि जब वे भारत से बहार जाते हैं तो वे खूब सारे स्टेशनरी प्रोडक्ट्स खरीदते हैं।

यह बहुत विरोधाभासी है। एक तरफ तो स्टेशनर्स 10,000 से 15000 उत्पादों को संभाल रहे हैं, वहीं दूसरी तरफ ग्राहक जब भारत में स्टेशनरी खरीदते हैं तो उनमें उन्हें किसी भी तरह की नवीनता या उत्साह नहीं दिखता है। इसका कारण यह है कि आमतौर पर खुदरा विक्रेता अपनी अलमारियों को इस तरह से भरते हैं, जैसे गोदाम में सामान रखा जाता है, जिससे उत्पादों की दृश्यता कम हो जाती है। ग्राहक सामान की ओर आकर्षित नहीं होता और कम खरीदारी करता है।

किसी उत्पाद को 'merchandise' करना व दर्शाना एक कला भी है और एक विज्ञान भी है। सही Merchandise को सही जगह पर, सही समय पर, सही वक़्त पर, सही मात्रा व सही कीमत पर दर्शाने से ग्राहकों को खरीददारी करने में एक अच्छा अनुभव होगा और साथ ही इससे बिक्री भी बढ़ेगी।

अच्छी दृश्यावली के साथ बिक्री बढ़ाने के 5 आसान तरीके इस प्रकार हैं-

#1. उत्पाद को श्रेणी वार प्रदर्शित करें

उत्पाद को श्रेणी के अनुसार प्रदर्शित किया जाये तो ग्राहक द्वारा उससे संबंधित अन्य उत्पादों को खरीदने की संभावना भी बढ़ जाती है। उदाहरण के लिए यदि आप एक ही स्थान पर सभी प्रकार के टेप, चिपकाने वाले प्रॉडक्ट और संबद्ध वस्तुओं को प्रदर्शित करते हैं तो ऐसी संभावना बढ़ जाती है कि जो ग्राहक टेप खरीदने आते हैं वे एक टेप डिस्पेंसर भी खरीदें। जैसा कि आपने देखा होगा, जब आप एक ई-कॉमर्स पोर्टल से मोबाइल फोन खरीदते हैं तो वह पोर्टल आपको उससे संबंधित उत्पाद, जैसे मोबाइल कवर और एक्सेसरीज की अनुशंसा भी करता है। इसी के कारण ही आपने जो योजना बनाई थी आखिर में उससे अधिक चीजें खरीद लेते हैं।

#2. प्रोडक्ट की डिस्प्ले हाइट पर ध्यान दें

जो उत्पाद आँखों के स्तर पर रखा गया हो, वह ग्राहकों का ध्यान ज्यादा आकर्षित करता है बजाय उस सामान के जिसे देखने के लिए आपको ऊपर नीचे देखने की मशक्कत करनी पड़े। औसतन आँखों के स्तर को जमीन के लेवल से लगभग 61 inches ऊपर मापा गया है। नए उत्पादों और अधिक लाभदायक वस्तुओं को आँखों के स्तर पर ही प्रदर्शित करें।

#3. तीन के नियम को प्रयोग में लाएं

दोस्तों, यह एक बहुत बड़ा भ्रम है कि किसी एक उद्देश्य को पूरा कर रहे उत्पादों के ज्यादा विकल्प रखने से आपकी दुकान की बिक्री बढ़ेगी। वैज्ञानिक तोर पर किसी एक उद्देश्य की पूर्ति करने वाले उत्पाद के लिए 3 से अधिक विकल्प ग्राहक को भ्रमित करते हैं और बिक्री की संभावना कम हो जाती है। merchandising एक कला है जिससे आप अपने SKUs या 'स्टॉक कीपिंग यूनिट' को कुछ मानदंडों के आधार पर चुनते हैं, जिससे ग्राहकों की तरह तरह की मांगे पूरी हो सकें और साथ ही एक ही उद्देशय को पूरा कर रहे उत्पादों की पुनरावृत्ति (duplication) को रोका जा सके।

#4. कीमत-बिंद का उल्लेख स्पष्टता पूर्वक करें

ग्राहकों को आम तौर पर कीमत पूछना या कीमत ढूंढने पर वक्त बर्बाद करना अच्छा नहीं लगता। उत्पाद पर या प्रदर्शन पर यदि स्पष्ट कीमत बताई गई हो तो उससे ग्राहकों की खरीदारी करने में आसानी होती है।

#5. नयी वस्तुओं से उत्साह संचार

नए आगमन व श्रेणियों की वस्तुओं को pop-up signs द्वारा चिह्नित करें। यह आपकी दुकान में एक नई ऊर्जा व उत्साह का संचार करेगा।

अध्याय 6

अपने व्यवसाय को डिजिटल बनाएँ।

मुझे यकीन है कि आप एक जोशीले उद्यमी की तरह अपने ग्राहक के जीवन को सुगम और सरल बनाने के लिए विभिन्न तरीकों की तलाश करते रहते होंगे। Covid-19 की महामारी के बाद, दुनिया एक 'Low-Touch Economy' के दौर में आ गई है जहाँ आपके ज्यादा से ज्यादा ग्राहक अपनी जरूरतों को घर पर ही पाना चाहते हैं। व्यवसाय में डिजिटाइजेशन के अभाव से वह अन्य स्टोर/प्लेटफॉर्म पर जा सकते हैं जहाँ उन्हें ऑनलाइन खरीदारी, डिजिटल भुगतान व होम डिलीवरी की सुविधा मिलती हो।

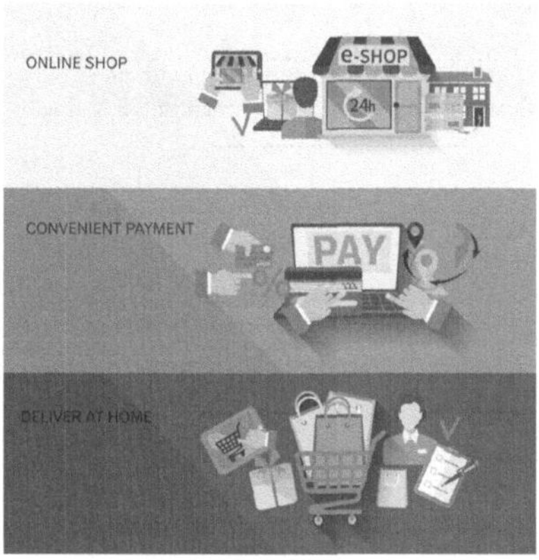

पिछले दस वर्षो में ई-कॉमर्स (इलेक्ट्रॉनिक वाणिज्य या ईसी) में आई तेजी से हमने देखा है- कपड़ो से लेकर इलेक्ट्रॉनिक्स तक, सब कुछ घर पर डिलीवर हो जाता है।

जब पास का कोई रेस्त्रां पका हुआ खाना डिलीवर कर सकता है, तो स्टेशनरी भी कोई अपवाद नहीं हो सकती। ई-शॉप अवधारणा, ई-कॉमर्स का एक नया अवतार है। यह आपके स्टोर को डिजिटल तक ले जाने में और आपके ग्राहकों के साथ डिजिटल रूप से पुनः कनेक्ट करने में आपकी सहायता करता है। यहां फर्क दृष्टिकोण का है। ई-कॉमर्स प्लेटफॉर्म जैसे अमेजन व फ्लिपकार्ट के पास व्यापार के लिए एक लेन देन संबंधी दृष्टिकोण है। वहां दुकानदार का ग्राहक के साथ मुश्किल से ही कोई संबंध होता है; जबकि ई-शॉप संकल्पना आपको अपने ग्राहकों से गहराई से जुड़ने में सहायता करती है। इस मॉडल में आप और आपके ग्राहक दोनों एक दूसरे को जानते हैं और वह आपसे उसी आत्मविश्वास से जुड़ सकते हैं और खरीद सकते हैं, जैसे वे आपकी दूकान से खरीदते हैं। यहाँ रिश्तों व विश्वास की गर्माहट विद्यमान है।

व्हाट्सप्प, फेसबुक और इंस्टाग्राम जैसे कई सारे सस्ते उपकरण हैं जो आपको अपने ग्राहकों के साथ कनेक्ट रखने में सहायक होते हैं।

यह सही समय है कि आप अपने व्यवसाय को डिजिटाइज करें और ऑनलाइन जुड़ने व बेचने के एक नए कौशल का अभिग्रहण करें जिससे आप अपने ग्राहकों को उनके घर से ही खरीददारी करने की सुविधा प्रदान कर सकें।

याद रखें: आपके ग्राहक आपको डिजिटल दुनिया में ढूंढ रहे हैं, आपको इस गैप को किसी और से पहले भरना होगा।

अध्याय 7

केवल बिक्री ही उद्देश्य नहीं है, आप अपने ग्राहक की लाइफ में वैल्यू भी जोड़ें।

"People buy people first and then their products or services."

क्या आप चाहते हैं कि आपके ग्राहक हमेशा आपसे ही खरीदें बजाय आपके प्रतियोगियों से? क्या आप ऐसा महसूस कर रहे हैं कि आपका मुनाफा दिन भर दिन 'ऑनलाइन' व 'ऑफलाइन' प्रतियोगिता की वजह से सिकुड़ रहा है?

यदि इनमें से किसी भी प्रश्न का जवाब हाँ में है तो यह अध्याय खास आपके लिए ही लिखा गया है।

क्या आपने कभी सोचा है कि बीमार पड़ने पर हम हर बार एक ही फैमिली डॉक्टर के पास क्यों जाते हैं? हम क्यों एक ही सैलून जाना व उसी नाई से बाल कटवाना पसंद करते हैं? हम क्यों सोना उसी दुकान से खरीदना पसंद करते हैं जिस दुकान से हम लंबे समय से खरीद रहे हैं? ऊपर सभी उदाहरणों में एक गर्माहट भरा संबंध और उच्च विश्वास मौजूद है। अगर आप गहराई से देखेंगे, तो आप पाएंगे कि जैसे उन्होंने समय के साथ आपके जीवन में वैल्यू

जोड़ी है, आपने भी उनके साथ एक विश्वास और संबंध विकसित कर लिया है। समय गुजरने के साथ एक प्रासंगिक संवाद, आपसी भावों का संचार और अत्यधिक उपयोगी सूचनाएँ तथा बाजार के रुख की जानकारी या सलाह देने से आप अपने ग्राहकों के साथ एक अटूट रिश्ता बनाते हैं और गर्मजोशी भरे खरीदारी के वातावरण का निर्माण करते हैं।

जब आप अपने ग्राहकों के जीवन में भारी मूल्य जोड़ते हैं, तो वे आपके साथ एक अटूट संबंध और उच्च विश्वास विकसित कर लेते हैं। आप उनके अवचेतन मन में अपने आप एक मात्र विकल्प बन जाते हैं। वे आपको एक विशेषज्ञ के रूप में देखते हैं और आपकी सलाह को महत्व देते है। तब कीमत उनके लिए गौण हो जाती है क्योंकि वे दृढ़ता से यह विश्वास करते हैं कि उन्हें केवल आपसे ही सर्वोत्तम सेवाएं प्राप्त होंगी।

आप केवल खरीददारी का वातावरण बनाएँ। लोग भावनाओं के आधार पर खरीदते हैं और फिर बुद्धि से उसका औचित्य सिद्ध करते हैं।

अध्याय 8

आइए पूर्वावलोकन करें।

1. अपने संस्थान को एक ब्रांड के रूप में देखें।
2. आपकी खासियत क्या है? (यूनिक सेलिंग पॉइंट)
3. मार्केटिंग—आपके व्यवसाय का गेम चेंजर (एक बड़ा बदलाव) होता है।
4. पैसा सूची में है।
5. प्रिय मित्र! जो दिखता है वो बिकता है।
6. अपने व्यवसाय को डिजिटल बनाएँ।
7. केवल बिक्री ही उद्देश्य नहीं है, आप अपने ग्राहक की लाइफ में वैल्यू भी जोड़ें।

आपके पास 2 विकल्प हैं

जैसे आप इस अध्याय के अंत तक आ पहुंचे हैं। मैं आपने अपने व्यापार और जीवन में बदलाव लाने के लिए जो दृढ़ता और इच्छा दिखाई है, उसके लिए आपको बधाई देना चाहता हूँ। यह दर्शाता है कि आप अपने स्टेशनरी व्यवसाय को ज्यादा लाभदायक और उसे नई ऊंचाइयों तक ले जाने की दिशा में जरूरी कदम उठाने के लिए प्रतिबद्ध हैं।

यहां आपके पास दो विकल्प हैं-पहला कि आप अपने व्यवसाय का पुनः निरीक्षण करें और उसकी बाधाओं को पहचानें और आगे

बढ़कर उन्हें सुलझाने का प्रयास करें। मैंने आपको इस बारें में पूरी जानकारी दे दी है और इस नई समझ का उपयोग करके अब आप खुद ही यह सब कर सकते हैं।

दूसरा विकल्प यह है कि आप मुझसे जुड़ सकते हैं। मैं आपके सिस्टम्स की समस्याओं का पूर्ण विश्लेषण करूँगा व आपका हाथ थामकर, उन्हें पहचानकर, उनका समाधान भी बताऊंगा।

हम यह चर्चा मेरे कार्यालय में एक कप चाय पर या वीडियो कॉल के माध्यम से भी कर सकते हैं।

मैं आपको कुछ समाधान चर्चा के दौरान ही दे दूंगा और कुछ गहरी समस्याओं के समाधान की योजना भी बना दूंगा।

अपॉइंटमेंट बुक करने के लिए अपनी रूचि व्हाट्सएप द्वारा इस नंबर पर भेजें-9310404460 या ea.worldone@gmail.com पर ईमेल द्वारा संदेश दें।

आपसे मिलने का इच्छुक!

स्नेहपूर्ष नमस्कार

– **अरुण अरोड़ा**

आपका भरोसेमंद साथी,
स्टेशनरी निर्माता व खुदरा विशेषज्ञ

Notes:

Notes:

Notes:

Notes:

Notes:

Notes:

Notes:

Notes: